JN225993

句集

和顔

白岩敏秀

本阿弥書店

句集　和顔＊目次

装幀　巖谷純介

句集

和顔

白岩　敏秀

鏡餅

平成十七年～十九年

ふくよかなる影を重ねて鏡餅
初刷の重さを膝にのせて読む

初便り意思の強さの文字に出て

戸主の座にあり鏡餅開きけり

燐寸の火炎に育て畦を焼く

早春の谺返らず遭難碑

うぐひすや村の十戸に日の当り

海見ゆる部屋に雛を飾りけり

茎立つや市民農園ひとつ空く

木々芽吹く空の明るさ地のあかるさ

山彦を迎へにゆける木の芽風

黄水仙五年二組の札の立つ

春暁を流れて急ぐ水ばかり

囀りの高まり峡に日の戻る

鳳凰を夢見て雀巣立ちけり

朧夜の使はぬ部屋の時計鳴る

雲流れうらうららとありにけり

朝寝して夢のかけらをつなぎをり

眉あげて少年の見る春の月

入学式終へて普段の子に戻る

葉桜の幹悪相となりにけり

鯉のぼり時に背泳ぎしてゐたり

花びらに花びらの影花菖蒲

炊飯器保温に変る明易し

足跡は女の歩幅植田澄む

辣韮掘る農婦に遠き海光る

螢に男の胸を貸しにけり

砂撥ねてあとしんかんと蟻地獄

夏あざみ水は棚田へ導かれ

鮎釣りの大阪弁で喋りけり

茄子の花種屋に咲いてゐたりけり

老成の貌振り向けて子かまきり

水馬水輪のなかにある日暮

ひしめける青さのなかに蓮咲けり

子の胸の水位にプール開きけり

サングラスはづせば二重瞼かな

夜のプール星ぞくぞくと増えにけり

冷奴いつときつよき宵の雨

本にきて誤植のごとき金亀虫

滝をすぎ寡黙になりて流れけり

夏の夜や一幕のみの村芝居

父親の沽券に金魚掬ひけり

西瓜切る等分といふ偶数値

下京に桐の下駄買ふ秋まひる

砂丘行く秋の女になりきつて

秋うらら指鉄砲に撃たれけり

鬼灯を鳴らし少女の遠目ぐせ

灯台は昼を眠りて草ひばり

コスモスに揺るる楽しさありにけり

芒野に風満ち空に星満つる

散ってすぐ群れの整ふ稲雀

一人づつ減りゆく家族零余子飯

婚の荷に遇うてふるさと野菊晴

十月や石屋磨ぎ出す石の艶

鵙猛りゐしが夕日と去りゆける

親離れ子ばなれ木の実降りにけり

鶏頭を身軽にせんと種を採る

晩秋の色に砂丘の暮れにけり

つながれて牛の眼うるむ神無月

日の射して十一月の石の冷え

枯葉鳴る空のかたさにどこか触れ

きのふより影軽くなる干大根

着ぶくれて東西南北日暮れけり

日向ぼこ遠くに汽車の通る音

からつぽの汽車を走らせ鉄路冷ゆ

狐火や老婆の思ひ出し笑ひ

棚田水細刃光りに涸れにけり

年の暮佃煮買うて戻りけり

ひとすぢのしづくに細る軒氷柱

水替へて水餅に息つがせけり

投ぐる子へ弾み返りて竜の玉

枕木を井桁に組みて駅は雪

寒暁の音運びくる牛乳屋

大寒の音を飛ばして爪を切る

花時計針一巡に日脚伸ぶ

良寛忌

平成二十年〜二十一年

早春の空の水色良寛忌

針供養終へて喫茶店に居る

風二月孔雀の羽根の円となる

海に雲雲に夕映え冴返る

春真昼板となりゆく杉丸太

芹摘んで夕日のなかを帰りけり

山国の水の冷たさ雛流す

返り来る冴の若し芽吹山

蜆舟島のうしろへ廻りけり
子の声の登つて来たる春の山

虹となるまでしやぼん玉高く吹く

栄螺焼くうしろに波が裏返る

春夕焼砂丘の空に紺残り
太陽に手をさし伸べて梨受粉

花衣明るき部屋に吊しけり

居残りは飼育当番豆の花

遠くほど海のかがやく砂丘初夏

大山の空青き日の袋掛

田を均し五月の水を広げけり

烏賊釣火一途に沖を目指しをり

水馬沼の四隅の暮れてゐる

夕月の空に囲をかけ蜘蛛の飢ゑ

枇杷をむく方程式を解くやうに

賢さに遠く南瓜の花盛り

夕螢湯上りの子と見てをりぬ
無駄に音大きく立つる蠅叩

打てばすぐ釘の曲つて梅雨寒し

滝落ちて流るる音をつなぎけり

百日紅蕾をつけてまだ咲く気
夕焼けて水の都と呼ばれけり

甚平やあいつも同じ柄を着て
合歓の花鞍馬へ道の岐れけり

敷居よく磨かれてゐる夏座敷

蓮咲いて水の深さを隠しけり

千枚田力尽くして田水沸く

鎌を研ぐ晩夏のひかり刃に集め

本すこし増えて机の秋めきぬ

送り火や雨の湿りの庭の土

島抜けのごとく踊の輪を離る

星月夜棚田をつなぐ水の音

貨車長く無月の橋を渡りけり

花蕎麦や道あればなほ奥に村

秋遍路淋しき笑顔返しけり

落梨になほ日の温み地の温み

夕風に音の加はる花芒
銀山の間歩の出口の秋の暮

親子鹿水飲みに来る分教場

潮の香の軒端に海女の吊し柿

隣田へ影を伸ばして稲架暮るる

漁船出づ秋の終りの波を押し

残る虫明るき方へ来て鳴けり

こりこりと兎の前歯初しぐれ

玲瓏と冬滝かかる神の山
乗せてもらふ落葉切符の縄電車

橋潜り他郷の冬の川となる

木の葉髪断り上手なるをんな

枯草の砂丘の色に昏れゆけり

風音に耳聡くなる十二月

児の蒲団干すしあはせを干してをり

山眠る狼火のごとき雲を置き

七日粥吹けばみどりの流れけり

寒の水飲みて吐く息熱くする

饒舌のあと寒紅を引き直す

水仙の花の盛りの昏れてゐる

寒蜆他郷の水に泡上ぐる

立夏

平成二十二年〜二十三年

火をつくる遊び立夏の弥生村

夏めくやほのと少女に日の匂ひ

ページ繰るやうに牡丹散りにけり

佳きことの起こる予感に新茶買ふ

夏のシャツ胸襟開き干されけり

溝浚へ終へたる水に顔映す

浮き苗に日暮れきてゐる植田かな

子は親に似てひげを振る油虫

黒南風や海をきしませ波奔る

蜘蛛の子の散つて篠突く雨となる

鉄橋を真上に鮎を釣つてをり

女子多き四年一組目高飼ふ

漁り火を遠き灯として夏座敷

美しく生まれて毛虫焼かれけり

天牛の鳴いて夜空は海のごと
風鈴を吊して影を吊しけり

綿菓子の不思議見てゐる夜店の子

蓮青葉水引張つて揺れにけり

指先で回す地球儀パリー祭
喝采もなくて噴水あがりけり

打水を踏み来し靴を脱いでをり

切株の年輪密に夏の雲

新聞のモノクロ写真原爆忌
触診も打診も瑕瑾なき西瓜

七夕竹立てて夜風の中にをり

ひぐらしの鳴くひぐらしの声の中

ひぐらしの声をつないで山暮るる

夕闇に溶けゆく語尾の法師蟬

地球儀の軸の傾き星月夜

勾玉に糸孔ひとつ秋うらら

結界の橋渡りくる秋日傘

靴音の大きくひびく良夜かな

虫の音に応へて星の増えてくる

稲雀湖を旋回して戻る

打つ音をおのれに返し添水鳴る

靡きゐる丈のそれぞれ草の花

紅葉して山は谺を返しけり

函館の雨のしづくのななかまど

木の実降る木々の言葉の降るごとし

大根を名刺代りに下げてゆく

冬うらら振子動きの象の鼻

遠火事や暮天は星をひとつあげ

重ねてうつくしく歳とられけり

湯ざめして最も遠き星探す

着ぶくれて優先席の前に立つ

米を磨ぐ白き渦巻風邪心地

仕舞風呂湯中りの柚子掬ひ出す

北壁の荒さを見せて山眠る

研ぎ師来て日向に坐りゐる師走

堰落つる水のきらりと寒に入る

早梅や仰ぎて青き空探す

煮凝や夜更けて荒るる日本海

母の葬終へて氷柱の家に住む

葬ひとつ送り一月終りけり

返信のごとく風花舞ひ戻る

灯台のどこが正面春を待つ

寒明くる青空といふ贈り物

亡き母へ春立つ水を供へけり

下萌や砂丘に知らぬ草増えて

白子干いくたびも影均しけり

道草の子にざりがにの水温む

閼伽桶に満たす青空彼岸寺

花種を振つて明るき音選ぶ

摘草に飽きし子川を覗きをり

膝つきし跡ありありと蓬摘む

春光やまだ働かぬ農夫の手

畑を打つ畝の長さを目に計り

春の空まだ見つからぬかくれんぼ

春の風野川の流れ音となる

花冷えの街に帽子をひとつ買ふ

掃苔

平成二十四年〜二十五年

掃苔や耳の大きな歳長者

ずぶ濡れの身を掬はるる新豆腐

橋脚に上げ潮の波秋つばめ

加速して高き帰燕となりにけり

蓑虫の顔だす空の晴れてをり

通り雨過ぎし洗ひ場ちちろ鳴く

秋の蚊の軟着陸をする羽音

父母を初代に秋の彼岸かな

忘れものあるかにとんぼ戻り来る

灯台のひかりに崩れ秋の波

吊されて無駄なき赤さ唐辛子

斑鳩の秋日のつくる塔の影

冷やかなる雨に音ある秋篠寺

傾きを直し案山子の威を正す

豊年を照らして夜汽車過ぎにけり

新米の弾力にぎる塩むすび

根釣りする一灯の影横に置き

図書館の返却ポスト小鳥来る

木の葉降る子らの笑ひのなかに降る

神無月川曲るたび暮れてゆく

勾玉のふくらみ碧し十二月

山眠る一重瞼のこけしの目

筋肉のごとき冬雲流れけり

分校に鹿の来てゐる冬休み

いま光ることを大事に冬の星

湯ざめして種火のごとき女の目

星消えてずしりと寒くなる故郷

僧の来て福引ひいて帰りけり

寒泳のさざ波ひかりつつ消ゆる

だんまりを決めて悪漢寒鴉

雪折の青き円弧となる真竹

軒氷柱育ちざかりを折られけり

石庭の具象抽象寒椿

川渡り隣のまちに梅探る

ままごとの卓は切り株犬ふぐり

啓蟄の土踏み父母の墓へ行く

義民碑に強き影して木の芽張る

芽柳や流れは嬉々と堰越ゆる

木の芽風芝生の円座より笑ひ
倒立の足が天指す春一番

春障子笑ひ声して開きにけり

納豆の糸ひく朝を雉子啼けり

日を弾く力の満ちて水温む

やはらかく手の沈みたる蓬籠

映りゐて流れに触れず雪柳

沈丁花真昼の空気飽和して

頭から揺れのはじまる葱坊主

囀りの高まつてくる枝の揺れ

花大根道の岐れて人別る

正調の白さに辛夷咲きにけり

祭神は女神におはす鳥の恋

綿菓子のふくらんでくる春祭

桜咲くいつもどこかに子らの声

遠足の声の集まる山羊の小舎

着陸のベルトのサイン麦の秋

草笛の青臭き音鳴らしけり

草笛の野の音となる少年期

桐の花郵便局へ橋渡る

よき風によき揺れのあり花菖蒲

水掬ふかたちに囲ふ夕螢

ＣＤにＢ面のなし梅雨の晴

堰板に仕切る流れや夏つばめ

早乙女の歩幅の水輪生まれけり

口笛の近づいて来る夏野かな

銅鐸は弥生のひびき濃紫陽花

青梅の一石年貢納めけり

荒縄にどくだみ束ね漢来る

合歓閉ぢて星の生まるる原爆地

七月の夜風の鳴らすプラタナス

おしぼりのひねりを戻す夏座敷

噴水や天使のこぼす壺の水

杉山に昼餉をひらくほととぎす

潮の香の子とすれ違ふ夕焼雲

冷し酒グラスに遠き星透けて

斧入れて飛ばす杉の香大暑来る

眉唾の話聞きをり団扇風

夕立にはづれて花に水を遣る
ひとすぢの音ひとすぢの滝の水

豆腐屋の手の濡れてゐる晩夏かな

流木に潮の香残る原爆忌

神の留守

平成二十六年

手鏡を巫女の覗きぬ神の留守

友禅の小筆に朱色初しぐれ

天平の礎石の白し冬の鵙

大根引く貸農園の夕明り

十二月海を見てゐる八日かな

夜の障子機織る影の動きけり

かうかうと鶴渡り来る月の海

枯野来し男に鉄の匂ひせり

行く年の寺に来てゐる野菜売り

打ち込みの余勢五六歩寒稽古

甘樫の丘の夕暮れ冬ざくら
寒の水童女の舌のさくら色

凍滝の力ぬかざる白さかな

持ち替へてフォークの光る春隣

雪解けのはじまつてゐる堰の音

すれ違ふ犬に振り向く余寒かな

行き合へる巫女の目礼梅香る

春寒しイルカの芸に拍手して

三月の黙禱海は凪の午後

風動く黄泉比良坂春の闇

堰に来て小さき渦生む芹の水

雉啼くや寝かせて磨く杉丸太

ぶらんこの地に近づきて影縮む

囀や杉板百枚立てて乾す

お座りを犬に教へて春惜しむ

行く春や火色を覗く登窯

白といふ色の軽さの更衣

みづうみの雨の明るし通し鴨

満天の星を夜伽に田植村

早苗饗や村に研師の影歩く

夏帽や全身で漕ぐ三輪車

搾乳の白き泡立ち梅雨の晴

箱庭に如雨露の雨を降らせけり

折り鶴を紙に戻して冷夏かな

青田より風の連鎖のはじまりぬ

パトカーの止まつてゐたる青田道

ひるがへる金魚に名前つけてをり

咲く花の眠れるごとく花氷

ナフタリン服に匂ひて秋立ちぬ

乱読のごとく咲き継ぐ紅木槿

朝顔の紺を育てて理髪店

漁り火の沖へ砂丘の流れ星

震災忌川に厚みのなき流れ

ゆすられて紙になる水いわし雲

シーソーに重さ加へて秋の蝶

稲架ひとつ影ひとつ山昏れかかる

山の子の太郎次郎に木の実降る

城のなき城山ほのと初紅葉

木洩れ日の唐招提寺薄もみぢ

秋深し二重瞼の少女来る

句集『和顔』畢

あとがき

『和顔』は私の第一句集である。本来は仁尾正文先生がご存命の間に、序文を頂いて出版する心積もりであった。しかし、私の不精のためにそれが適わなかった。不肖の弟子としかいいようがない。

この句集には、「白魚火」通巻六百号記念大会となった平成十七年から七百号記念大会の平成二十六年までの十年間の俳句をおさめた。六百号の翌年には白光集の選者になり、七百号の翌年の一月に主宰を継承した。同年の二月には先生がお亡くなりになった。そのため、先生の選と序文を頂くつもりであった平成十七年以前の俳句は封印することとした。

句集名の『和顔』は仏典に出でくる言葉。和やかで柔和な態度と説明されている。私が俳句を続けて来れたのは、こういう人たちに囲まれていたからである。

私は「白魚火」の古い同人であった故・渡部一男氏（第二回「みづうみ賞」の受賞者）の勧めで入会した。爾来、仁尾先生の写生論や具体・具象の教えに従って、今日までひたすらにこの道を進んできた。これからも、西本一都師の「足もて作る」俳句をモットーに、仁尾先生の「ものを通しての俳句」を追求していきたい。

句集を編むにあたって、「白魚火」の安食彰彦編集長や編集部にお世話になった。そして、句集の出版に背を押して下さった「俳壇」の田中利夫前編集長やスタッフの皆様に心から感謝申し上げます。

平成二十九年　二月

白岩　敏秀

著者略歴

白岩　敏秀（しらいわ　びんしゅう）本名　同じ

昭和16年７月15日　鳥取県鳥取市生まれ

平成６年　「白魚火」同人
平成13年　「白魚火賞」受賞
平成14年　「白魚火」鳥雲同人
平成18年　「白光集」（同人集）選者
平成21年　「白魚火」曙集同人
平成27年　「白魚火」主宰継承

現在　公益社団法人俳人協会会員

現住所　〒680-0851　鳥取市大杙34

平成の100人叢書58

句集　和《わ》顔《がん》
2017年４月10日　発行
定　価：本体2800円（税別）
著　者　白岩　敏秀
発行者　奥田　洋子
発行所　本阿弥《ほんあみ》書店
東京都千代田区猿楽町2-1-8　三恵ビル　〒101-0064
電話　03(3294)7068(代)　振替　00100-5-164430
印刷・製本　三和印刷

ISBN 978-4-7768-1303-3 (3020)　Printed in Japan
©Shiraiwa Binsyu 2017